AF555728

LE RAPPORTEUR
DE BONNE-FOI,

Ou Examen ſans partialité & ſans prétention du différend ſurvenu entre M. HUME *& M.* ROUSSEAU *de Genève.*

Quid verum atque decens curo & rogo, & omnis in hoc ſum.

Horat lib. I. Ep. I.

LE RAPPORTEUR DE BONNE-FOI,

Ou examen ſans partialité, & ſans prétention du différend ſurvenu entre M. Hume *& M.* Rousseau *de Genève.*

C'Eſt avec autant de plaiſir que d'empreſſement, Monſieur, que j'ai l'honneur de vous adreſſer la petite prochure ci jointe, elle vous inſtruira de la querelle qui s'eſt élevée entre M. Hume & M. Rouſſeau;

& vous mettra à portée de voir le quel de ces deux hommes, également célébres, est l'innocent. Puisque vous exigez que je vous fasse part en même tems de ma façon de penser sur cette affaire ; je vous satisferai avec d'autant moins de répugnance que je n'aurai à combattre ni l'opinion du public qui est encore ignorée, ni aucun sentiment qui puisse m'inspirer une prévention obligeante.

Les deux fameux adversaires qui entrent aujourd'hui en lice, sont trop connus pour que j'aie besoin de vous donner des détails sur leurs personnes. Tous les deux écrivains éloquens, avec des vues aussi élevées que leurs connoissances sont profondes, ils sont doués d'un genie transcendant qui pénétre le cœur en parlant agréablement à l'esprit, & qu'ils semblent l'un & l'autre avoir consacré à étendre l'empire de la raison, par deux voyes à la vérité fort opposées. Le public doit, je pense, à ces deux grands hommes une égale reconnoissance. Mais ce n'est qu'avec le plus amer déplaisir qu'il les voit tourner contre eux-mêmes, les armes formidables dont ils se sont servi avec tant de succès pour combattre le fanatisme & pour dissiper les ténébres de la superstition. Que de sots compilateurs ou des insectes du parnasse, tels que M. Puisieux, M. Delaporte, M. Moline, M. Poinsinet, M. Blin, M. du Rozoy, M. Maton le Lionnois, & une fourmilliere d'autres consument leurs forces & leurs petits talens à de vaines querelles & à des disputes engendrées par la jalousie ou par l'amour propre; le public ne descend à ces petits disputeurs que pour leur jetter un regard dedaigneux & un ris moqueur qui le vengent des momens qu'ils lui arrachent; mais que les aigles de la litterature, qu'un Rousſeau, qu'un d'Alembert, qu'un Hume, qu'un Voltaire, hommes ſi ſupérieurs par les lumieres & par les talens perdent à s'accuſer & à ſe juſtifier un tems qui ſeroit bien mieux employé à éclairer leurs contemporains & à inſtruire la poſterité, ce ſpectacle arrache des larmes aux véritables amis des lettres, & le triomphe d'un des deux partis leur paroît encore la honte des vainqueurs & le ſcandale de la philoſophie.

. . . . Tantæ ne animis celeſtibus iræ !

Pour prevenir de nouvelles queſtions de votre part, Monſieur, voici tout ce que je ſais ſur les deux parties dont la conteſtation attire aujourd'hui l'attention de l'Europe littéraire.

Je n'ai jamais eu l'honneur de voir M. Hume, mais j'en ai toûjours entendu parler, dans les termes les posées. Le public doit, je pense, à ces deux grands hommes, une égale reconnoissance. Mais ce n'est qu'avec le plus amer déplaisir qu'il les voit tourner contre eux-mêmes les armes formidables dont ils se sont servi avec tant de succès pour combattre le fanatisme & pour dissiper les ténébres de la superstition. Que de sots compilateurs ou des insectes du parnasse, tels que M. P*... M. D*... M. M*.. M. P*... M. B*... M. de R*.. M. M* .. le Lionnois, & une fourmilliere d'autres consument leurs forces & leurs petits talens à de vaines querelles & à des disputes engendrées par la jalousie ou par l'amour propre; le public ne descend à ces petits disputeurs quepour leur jetter un regard dédaigneux & un ris moqueur qui le vengent des momens qu'ils lui arrachent; mais que les aigles de la littérature, qu'un Rousseau, qu'un d'Alembert, qu'un Hume, qu'un Voltaire, hommes si supérieurs par les lumieres & par les talens perdent à s'accuser & à se justifier un tems qui seroit bien mieux employé à éclairer leurs contemporains & à instruire la postérité, ce spectacle arrache des larmes aux véritables amis des lettres, & le triomphe d'un des deux partis leur paroît encore la honte des vainqueurs & le scandale de la philosophie.

. . . . Tantæ ne animis celestibus iræ!

Pour prevenir de nouvelles questions de votre part, Monsieur, voici tout ce que je sais sur les deux parties dont la contestation attire aujourd'hui l'attention de l'Europe littéraire.

Je n'ai jamais eu l'honneur de voir M. Hume, mais j'en ai toujours entendu parler, dans les termes les avoir ma déférence. Au reste vous savez, que lorsqu'il est question de vous plaire, mon inclination ne voit que des roses dans les entreprises les plus épineuses.

Detestant également le fiel de la satyre & l'indulgence de la partialité, j'essayerai de vous développer à travers ces deux écueils les différentes sensations que j'ai éprouvées en lisant toutes les pieces de cet important démêlé. Si mon jugement vous paroit erronné, ne l'imputez qu'à mes sens, & plaignez la fausseté de mes perceptions, car je n'ai rien négligé pour m'éclairer. Les bruits publics m'avoient d'abord fait flotter dans l'incertitude de savoir de quel côté étoit la raison : une premiere lecture m'a montré M. Rousseau singulier, mais innocent ; à la seconde je l'ai vu toujours plein de candeur, de droiture & de sensibilité ; la trosieme lecture enfin a confirmé ce jugement ; & j'ai ressenti le plus vif treſſaillement de joye en apercevant à la fois ſa pleine juſtification & l'évidence des torts de ſon adverſaire, peut être ce ſentiment, que je ne crois pas devoir diſſimuler n'a-t-il pas été un petit motif pour m'enhardir dans cet examen. J'y ajouterai le détail de quelques circonſtances peu favorables à la cauſe de M. Hume. Elles ſont parvenues à ma connoiſſance par des perſonnes qui ont été en liaiſon avec lui pendant ſon ſéjour à Paris; ſans garantir la vérité des choſes, parce que dans ce qui intéreſſe autrui, on ne doit ni croire ni certifier que ce qu'on a vu ou entendu ſoi-même. Je dois cependant aſſurer que les perſonnes ſont auſſi honnêtes que véridiques.

Nitor in adverſum; nec me qui cætera vincit
Impetus; & rapido contrarius evehor orbi.

Je vous avouerai d'abord de bonne foi que quand je vois M. Hume publier une brochure pour se plaindre tandis que M. Rousseau n'a répandu ses plaintes que dans le secret de l'amitié, je suis vivement tenté de croire que M. Hume a tort. L'innocence à des droits si forts sur tous les esprits; son langage perce si surement jusqu'aux cœurs honnêtes qu'elle ne persuade jamais mieux, qu'alors qu'elle se taît. Il y a d'ailleurs, tant de philosophie à souffrir la calomnie, & tant de méchanceté à se venger d'une accusation particulière par des accusations publiques, qu'un grand cœur ne peut seulement pas balancer entre ces deux partis.

M. Hume a-t-il prétendu éblouir, en imprimant, avec les petites restrictions d'usage, les lettres de M. Rousseau qui le comblent d'éloges, & celles qui le chargent de reproches: *operosè nihil agit.* Je doute qu'il ait pleinement réussi, tout cet étalage de simplicité, de modération, & de candeur, prouve au jugement de plus d'une personne sensée que M. Hume n'a pas moins de vanité que de bienfaisance; qu'il ne croye pas autoriser cette conduite en criant que son silence eût compromis son honneur, & fait triompher son adversaire. Il est aisé de répondre à cette objection spécieuse, qui est le lieu commun usité par tous ceux qu'un amour propre blessé porte aux querelles. Ou M. Hume est innocent, ou il est coupable. S'il est innocent il ne falloit pas porter les premiers coups à un adversaire qui ne pouvoit que calomnier, le mépris l'eût forcé au silence; il ne falloit pas crier au monstre, à l'ingrat sur M. Rousseau, dans un pays où l'on ne connoissoit que sa reconnoissance, ou du moins il falloit à ces cris de fureur joindre d'abord la raison qui les faiſoit pouſſer (2). Que penſer de cette réticence adroite, ſinon qu'elle eſt placée pour ménager à l'orateur les moyens de préſenter ſa cauſe ſous un jour favorable, & le temps d'y déployer les reſſources d'une manœuvre combinée, dont l'innocence n'a pas beſoin.

Si M. Hume eſt coupable envers M. Rouſſeau, c'eſt le comble de la mal-adreſſe que de ſe défendre avant d'être accuſé; c'eſt préſenter l'antidote avant le poiſon, & c'eſt annoncer qu'on a raiſon de craindre la malignité de ce poiſon.

La gloire d'être utile à un homme

(2) M. Hume à d'abord écrit en Avril, ou May, à M. d'H**. à Paris, Rouſſeau eſt un monſtre, un ſcélerat, avec quelques autres qualifications du même goût : je n'ai pas le temps de vous en écrire d'avantage.... & on à répandu auſſi-tôt partout que M. Rouſſeau étoit un homme abominable, ſans dire pourquoi.

célébre par ſes talens autant que par ſes malheurs, a ſéduit d'abord le philoſophe Anglois; peut-être même ſa grande ame ne s'eſt-elle portée à cette action généreuſe que par un pur mouvement d'humanité, & d'amour pour les lettres; mais il eſt difficile de ne pas s'appercevoir qu'il ne ſe ſoit gliſſé dans ſes démarches un peu de vanité ou même d'envie; ou beaucoup d'imprudence & d'indiſcrétion. On connoît à M. Hume un eſprit trop profond & trop reſléchi pour qu'on le taxe d'être imprudent ou indiſcret; mais il eſt démontré par l'expérience que rien ne s'allie mieux que l'orgueil & les grands talens, que la jalouſie & un mérite éminent. *Cum magnis virtutibus adfers grande ſupercilium.*

Offrir des ſecours à un illuſtre malheureux ſans le connoître autrement que par ſon mérite; lui procurer un aſyle plein d'agrémens; voilà qui est digne sans doute d'une belle ame, & qui honore infiniment le cœur dans lequel est née cette généreuse resolution ; mais publier qu'on a fait obtenir à cet infortuné un passeport de la Cour de France, quand toute la France sait qu'il l'avoit obtenu lui-même par le crédit de ses amis ; avoir la fantaisie de faire peindre en grand, sans le consulter, cet homme qu'on oblige, lorsqu'on ne devoit attendre son portrait que de sa reconnoissance ; faire accorder une pension par le Roi d'Angleterre à un étranger qu'on présente comme un mendiant réfugié, & qui ne veut point accepter de pension sans s'être consulté ; ce sont là des petites particularités dont la source ne se trouvera surement pas dans une amitié modeste qui prefere la satisfaction de son ami à la gloire de passer pour bienfaisante. Et ces petites particularités paroissent être les écueils où la philosophie de M. Hume est venue se briser avec éclat.

Qu'on taxe, tant qu'on voudra, M. Rousseau d'une sensibilité qui tient de l'extravagance ; il n'en faut pas moins convenir que la générosité de M. Hume est trop fastueuse, qu'elle ne ménage pas assez une ame orgueilleuse qui est aigrie par l'infortune, & par là toujours disposée à repousser des dons dans lesquels, il se découvre plus d'ostentation que de cordialité.

J'ai beau chercher à me convaincre du désintéressement de M. Hume dans les lettres dont il prétend se faire un bouclier ; je trouve qu'il est contre la nature, à moins qu'il ne soit prouvé que M. Rousseau s'est sauvé des petites maisons, que ce Genevois d'abord si confiant, si sensible aux bienfaits de son ami, le 4 Decembre 1765, le 22 & 29

Mars de cette année (3), change ensuite tout à coup de langage ; & qu'après s'être épuisé en remerciment avec cette énergie qui ne peut être que l'effusion d'un cœur pénétré, il se répande en plaintes & en reproches, sans le moindre sujet, sur de légers soupçons contre son ami, contre son bienfaiteur ; non ce changement n'est ni probable, ni prouvé. Suivons M. Rousseau dans les témoignages de son mécontentement. Sa voix est d'abord celle d'une amitié soupçonneuse qui a des doutes, qui cherche à les éclaircir & qui se voit certain qu'ils sont fondés par le refus qu'on lui fait d'une explication. Il jette alors les cris d'un homme desespéré d'être la victime de sa confiance, d'un homme convaincu que son patron toujours reservé ne le poursuit avec des bien-

(3) Voyez les lettres de ces dates dans la justification de M. Hume.

faits que pour afficher sa propre libéralité & pour en rendre l'objet plus méprisable par des refus auxquels il sait l'obliger secretement.

Ne trouverez vous pas comme moi, Monsieur, que la longue lettre de M. Rousseau à été écrite d'après cette persuasion ; & cette persuasion n'entre-t-elle pas naturellement dans l'esprit de quiconque connoît les artifices de l'orgueil, & les détours d'une jalousie ingénieuse ?

Lorsque M. Rousseau remarque que tous les papiers publics d'Angleterre, qui, avant qu'il y fût passé, étoient remplis de ses éloges & de cris contre ses persécuteurs, deviennent tout à coup les hérauts d'un millier d'inepties grossieres, & de mensonges outrageans, après qu'il y est arrivé sous l'égide de M. Hume, dont le crédit & la considération auroient dû le mettre à l'abri de toute injure, s'il eût pû en mériter ; lorsqu'il se plaint que par une fatalité singuliere tous les amis, toutes les connoissances de son patron, changent tout à coup à son égard, & ne lui témoignent bientôt plus que de la froideur & des duretés, quoique d'abord ils lui eussent fait de grandes honnêtetés, & qu'ils lui eussent marqué beaucoup d'estime & de soins officieux; lorsque cet infortuné Genevois raconte la façon revoltante dont M. Hume l'excuse auprès de M. Penneck, à qui il déclare obligemment, que M. Rousseau à mieux aimé aller à la comédie avec Mad. Garrick, que de visiter le musæum, & prévenir la visite qu'il lui rend; il me semble voir un blessé qui montre, qui fait toucher au doigt ses blessures, qui en indique la profondeur; à moins d'être aveugle & insensible on ne peut se refuser à le plaindre & à detester l'ennemi qui les lui a faites.

L'endroit de la même lettre, où il

eſt queſtion de faits qui ſuivant M. Rouſſeau, ne ſont ſçus d'aucun mortel que de M. Hume qui les a divulguées, ne m'a pas moins frappé que le trait de lumiere que je viens de vous mettre ſous les yeux, & j'en ai vainement cherché la refutation dans la replique de M. Hume. Cet écrivain s'eſt contenté ſimplement d'aſſurer dans une note, que ni lui ni toutes les perſonnes qu'il a conſultées n'ont aucune connoiſſance de la piece dont M. Rouſſeau ſe plaint. Vous avouerez que rien n'eſt plus aiſé & plus ſimple qu'une pareille dénégation; mais eſt-elle convaincante? juſtifie-t-elle abſolument M. Hume? C'eſt ce dont vous ne conviendrez pas plus que moi.

Que penſerez vous encore de ces cinq mots que M. Rouſſeau doit avoir entendu prononcer avec véhémence à M. Hume qui rêvoit: *Je tiens Jean Jacques Rouſſeau.* Si le fait eſt exact, on ne peut disconvenir que ces cinq mots ne suffisent pour légitimer tous les reproches de M. Rousseau & pour confirmer tous les torts de M. Hume. La note de ce dernier qui se défend d'avoir fait un tel rêve, a plus l'air d'une gentillesse enjouée que d'une apologie sérieuse, & vous la trouverez sans doute plus comique que persuasive; il est sûr qu'on ne rêve la nuit qu'à ce qui a occupé fortement pendant le jour : & si l'expérience ne démontroit pas cette vérité plus surement que des opinions, on feroit voir que tous les philosophes ont expliqué les rêves de la nuit par les idées, auxquelles on s'est longtemps arrêté pendant le jour (4).

(4) *Quo quisque ferè studio devinctus adhæret :*

Aut quibus in rebus multum sumus antè morati :

Il n'eſt point d'ame ſenſible qui ne ſoit pénétrée d'attendriſſement, & émue de la plus vive compaſſion ſur l'état de M. Rouſſeau lorſqu'il commente ces mots : *Je tiens J. J. Rouſſeau.* Souffrez que je vous mette ſous les yeux ce morceau ſi touchant (5). *Dolor ipſe diſſertum fecit....*

„ Ces mots dont le ton rétentit
„ ſur mon cœur comme s'ils venoient
„ d'être prononcés, les longs & fu-

Atque in qua ratione fuit contenta magis mens ;
In ſomnis eadem plerumque videmur obire.

Lucr. Lib. IV.

Quæ in vita uſurpant homines, cogitant, curant, vident, quæque agunt vigilantes, agitantque, ea cuique in ſomno accidunt.

Cic. *de Divinit.*

(5) Page 105. de l'Expoſé ſuccinct de la conteſtation qui s'eſt élevée entre M. Hume & M. Rouſſeau.

„ neftes regards tant de fois lancés
„ fur moi, les petits coups fur le
„ dos avec des mots de *mon cher*
„ *Monfieur* en reponfe au foupçon
„ d'être un traitre; tout cela m'af-
„ fecte à un tel point après le refte,
„ que ces fouvenirs, fuffent-ils les
„ feuls, fermeroient tout retour à
„ la confiance, & il n'y a pas une
„ nuit où ces mots : *je tiens J. J.*
„ *Rouffeau* ne fonnent encore comme
„ fi je les entendois de nouveau.

„ Oui, M. Hume, vous me tenez,
„ je le fais, mais feulement par des
„ chofes qui me font extérieures;
„ vous me tenez par l'opinion, par
„ les jugemens des hommes; vous
„ me tenez par ma réputation, par
„ ma fûreté peut-être, tous les pré-
„ jugés font pour vous; il vous eft
„ aifé de me faire paffer pour un
„ monftre comme vous avez com-
„ mencé, & je vois déja l'exultation
„ barbare de mes implacables enne-
„ mis. Le public en général ne me

„ fera pas plus de grace. Sans autre
„ examen il est toujours pour les ser-
„ vices rendus par ce que chacun
„ est bien aise d'inviter à lui en
„ rendre en montrant qu'il sait les
„ sentir. Je prévois aisément la
„ suite de tout cela, sur-tout dans
„ le pays ou vous m'avés conduit,
„ & où, sans amis, étranger à tout
„ le monde je suis presque a votre
„ merci, les gens sensés compren-
„ dront cependant que loin que j'aie
„ pu chercher cette affaire, elle étoit
„ tout ce qui pouvoit m'arriver de
„ plus terrible dans la position où
„ je suis, ils sentiront qu'il n'y a que
„ ma haine invincible pour toute
„ fausseté, & l'impossibilité de mar-
„ quer de l'estime à celui pour qui
„ je l'ai perdue, qui ayent pu m'em-
„ pécher de dissimuler, quand tant
„ d'intérêts m'en faisoient une loi;
„ mais les gens sensés sont en petit

„ nom-

„ nombre, & ce ne ſont pas eux
„ qui font du bruit.

„ Oui, M. Hume, vous me te-
„ nez par tous les liens de cette vie ;
„ mais vous ne me tenez ni par ma
„ vertu, ni par mon courage, indé-
„ pendant de vous & des hommes,
„ & qui me reſtera tout entier mal-
„ gré vous ; ne penſez pas m'effrayer
„ par la crainte du ſort qui m'at-
„ tend. Je connois les jugemens des
„ hommes, je ſuis accoutumé à leur
„ injuſtice, & j'ai appris à les peu
„ redouter. Si votre parti eſt pris
„ comme j'ai tout lieu de le croire,
„ ſoyez ſûr que le mien ne l'eſt pas
„ moins. Mon corps eſt affoibli,
„ mais jamais mon ame ne fut plus
„ ferme, les hommes feront & di-
„ ront ce qu'ils voudront, peu
„ m'importe ; ce qui m'importe eſt
„ d'achever comme j'ai commencé,
„ d'être droit & vrai juſqu'à la fin,
„ quoiqu'il arrive, & de n'avoir pas

„ plus à me reprocher une lâcheté
„ dans mes miſeres qu'une inſolence
„ dans ma proſpérité. Quelque op-
„ probre qui m'attende & quelque
„ malheur qui me menace, je ſuis
„ prêt. Quoique à plaindre je le ſe-
„ rai moins que vous, & je vous
„ laiſſe pour toute vengeance le tour-
„ ment de reſpecter malgré vous
„ l'infortuné que vous accablez.

„ En achevant cette lettre je ſuis
„ ſurpris de la force que j'ai eue de
„ l'écrire; ſi l'on mouroit de douleur
„ j'en ferois mort à chaque ligne.
„ Tout eſt également incompréhen-
„ ſible dans ce qui ſe paſſe. Une con-
„ duite pareille à la vôtre n'eſt pas
„ dans la nature, elle eſt contradic-
„ toire & cependant elle m'eſt dé-
„ montrée. Abyme des deux côtés!
„ je péris dans l'un ou l'autre. Je
„ ſuis le plus malheureux des hu-
„ mains ſi vous êtes coupable; j'en
„ ſuis le plus vil ſi vous êtes innocent.

„ Vous me faites desirer d'être cet „ objet méprisable. Oui l'état où je „ me verrois prosterné, foulé sous „ vos pieds, criant miséricorde „ faisant tout pour l'obtenir, pu- „ bliant à haute voix mon indignité, „ & rendant à vos vertus le plus „ éclatant hommage, seroit pour „ mon cœur un état d'épanouisse- „ ment & de joye, après l'état d'é- „ touffement & de mort où vous „ l'avez mis. Il ne me reste qu'un „ mot à vous dire. Si vous êtes „ coupable ne m'écrivez plus, cela „ seroit inutile, & sûrement vous „ ne me tromperez pas. Si vous „ êtes innocent, daignez vous justi- „ fier. Je connois mon devoir, je „ l'aime & l'aimerai toujours, quel- „ que rude qu'il puisse être; il n'y „ a point d'abjection dont un cœur „ qui n'est pas né pour elle, ne „ puisse revenir. Encore un coup, „ si vous êtes innocent daignez vous

„ justifier : si vous ne l'êtes pas ;
„ adieu pour jamais. "

Si pour le malheur de l'humanité, l'homme qui tient ce langage est un fourbe, pleurons, Monsieur, pleurons sur la perversité du cœur humain, rien n'est plus dangereux, plus méprisable qu'un protée qui se varie & se pervertit, au gré de son caprice & de ses vues. Qu'on ne nous vante plus la condition des hommes avec leur sublime faculté de raisonner & de parler ; cette condition est mille fois au-dessous de celle des bêtes ; l'instinct du moins montre à celle-ci l'ennemi qu'elles ont à craindre. Le Tigre féroce ne peut emprunter la douce voix de la biche timide. Mais parmi nous, combien de fois n'a-t'on pas vu cet extérieur caressant, cette politesse empressée, dont se glorifient si fort les Européens, servir de voile à l'hypocrite pour approcher une victima innocente & pour choisir l'endroit où il frapera le coup qui doit l'immoler. *Fallit enim vitium virtutis, & umbra.*

Faut-il donc fuir tous les hommes, me direz-vous, parce qu'il s'en trouve de traitres & de perfides? faudra-t-il faire divorce avec la société, parce que la société, qui est la nature morale, a ses monstres comme la nature physique? non, Monsieur, le remede seroit pire que le mal. Ce seroit se livrer à la mort faute de savoir choisir un médecin; tout ce qui est l'ouvrage des hommes porte le sceau de leur foiblesse & de leur imperfection; ce sont eux qui ont créé la société, la morale, la politique, &c. Ne cherchons donc, dans leurs établissemens, rien qui soit absolument bon, rien qui soit parfait, puis qu'il n'y a rien d'universellement reçu que ce que la nature, ou la raison grave dans tous les cœurs. Ne nous alienons pas cependant de l'humanité en exagérant le tableau de ses miseres ; puisque nous sommes des hommes, vivons avec nos semblables, mais soyons en garde contre ces tendres caresses, contre ces douces flatteries qui ne sont à leur place qu'auprès de ce sexe aimable vers lequel nous porte la nature, & à qui cette sage mere n'inspire qu'une resistance nécessaire pour mieux nous conduire à ses fins. Defions-nous sur-tout de ces gens empressés & affectueux qui pour me servir de l'expression vulgaire, portent leur cœur sur leurs levres, & semblent l'offrir à quiconque les aborde ; ils n'ont réellement point de cœur dès qu'il est déplacé, & cette noble partie de l'homme qui est le germe de toutes les vertus, leur manque absolument. Consolons-nous, Monsieur, avec l'idée qu'il est des hommes exempts de la contagion de cette politesse fade & excessive, masque toujours séduisant, pour la multitude, & toujours fatal à la candeur. Ils n'en sont ni moins bons ni moins généreux, mais ils sont plus désintéressés; ils tendent la main pour secourir, jamais pour obliger, encore moins pour acquérir de la réputation; quand leur conscience est satisfaite, qu'ont-ils besoin d'obtenir les bruyans applaudissemens d'une troupe inconstante & aveugle qu'il est si aisé de tromper? Ces ames heureuses ont conservé leur pureté originelle malgré la nature morale qui déguise si souvent l'ouvrage de la nature physique dont elle n'est qu'une fille indocile; aussi combien voit-on de variété dans les ames; elle est aussi sensible que dans les visages. Si quelqu'un pouvoit être assez déraisonnable pour soutenir le contraire, j'en appellerois à l'expérience qui eſt le maître unique dont les leçons ſont infaillibles. Par exemple, peut-on imaginer que l'ame de l'Auteur pervers de la D... Fr..... ait été formée ſur le modele de celle de l'homme reſpectable qui a donné l'*Eſprit*, ou de celle de l'eſtimable *Ami des hommes* ? Croira-t-on que le ſang qui coule dans les veines du Marquis de V** & qui le fait s'échapper des mains des Chirurgiens qui le guériſſent pour retourner ſur le champ de bataille où il trouve la mort, ſorte de la même ſource, que le ſang qui vivifie celui qui quitte ſon devoir pour ſes plaiſirs ? Soupçonnera-t-on que l'ame de la Ducheſſe de V**, que ſes vertus & ſa modeſtie font reſpecter univerſellement, ſoit de la même trempe que celle de ces femmes proſtituées, qui portent leur morgue & leur inſolence juſques chez leur marchande de modes ? ce principe ſenſitif qui éleve ſi fort le chantre du Czar Pierre I. au-deſſus des complaiſances humaines, & qui le prémunit contre les appas ſéducteurs d'un aſyle qui pervertit tout, eſt-il le principe qui anime ce vil eccléſiaſtique qui rampe ſur les parquets de Monſeigneur, dont il mandie la faveur & la protection ? Ce feu céleſte qui porte deux mortels à ſe charger d'une entrepriſe qui paroiſſoit réſervée à quelque choſe de plus que des hommes, & qui les conduit à un heureux terme malgré les ſerpens de l'envie, & malgré les torches du fanatiſme ; le retrouvera-t-on dans ces malheureux apôtres de l'ignorance qui s'épuiſent en cris de fureur parce qu'ils n'ont jamais connu la voix de la raiſon, qui font ſupprimer un ouvrage que tout l'univers policé eût dû encourager en prenant l'utile réſolution d'en corriger les erreurs ?

Non, toutes ces ames, si leur essence intérieure est la même, ont reçu des modifications si différentes qu'elles n'ont plus rien de commun que leur formation originelle. Convenons aussi, Monsieur, que la même ame peut éprouver des vicissitudes singulieres suivant l'âge & les circonstances au point de se rendre méconnoissable à elle-même si elle pouvoit avoir la connoissance de son être; c'est sans doute ce qui a fait dire à d'anciens philosophes qu'il y avoit plusieurs ames dans le même corps. Je ne vous en citerai, Monsieur, qu'un exemple sans recourir aux prodiges de ce genre operés par l'amour, & qui sont bien plus multipliés que ceux qu'opérent la raison & la maturité de l'âge. Vous avez vu l'élégant historien de Charles XII, le disciple de Corneille & de Racine; l'ingénieux détracteur de l'optimisme; ce poëte qui eût pu être le premier poëte

François dans le genre des Chaulieu & des Lafare, Voltaire enfin, vous l'avez vu pour se venger d'une épigramme, s'acharner jusqu'à la cruauté sur le premier de nos poëtes lyriques, & le poursuivre jusques dans les ombres de la nuit éternelle ; vous avez vu ce poëte assis sur la cime du parnasse, en descendre pour combattre dans la fange un violon d'opéra, & pour le persécuter comme un criminel dont il demande le sang pour purifier la bouche indiscrette ; vous l'avez vu cet écrivain infatigable répandre le poison d'une muse jalouse sur le maître, & le prince des poëtes tragiques, verser à pleines mains le sel du sarcasme sur des écrivains qui n'admiroient pas ses ouvrages, ou qui osoient avoir un autre sentiment que lui sur les ouvrages des autres ; eh bien ! cet homme dont la bile s'allumoit à la moindre contradiction ; cet homme ſi diſpoſé à lancer les traits de la vengeance, ſemble-t-il avoir la même ame, quand il court généreuſement prendre la défenſe des Calas, des Sirven ; la chaleur qu'il met à les ſécourir feroit croire qu'il acquitte une ancienne dette. Conſidérez aujourd'hui ce philoſophe dans ſa ſolitude, ſes paſſions étoient autrefois d'un homme, ſa vie actuelle eſt d'un ſage. Il ſe fait une affaire capitale de répandre des bienfaits dans ſes terres ; chaque jour il en détache un morceau qu'il abandonne à un malheureux qui s'y bâtit un aſyle, & à ſa famille. Les travaux auxquels il employe continuellement ſes vaſſaux & les habitans de ſon canton ; travaux inventés par une générоſité éclairée, & non par un goût déſordonné auſſi mobile que la feuille de ſes forêts, chaſſent la miſere & l'oiſiveté de ſes terres, & y répandent l'aiſance & l'habitude du travail avec l'amour d'un patron ſi bienfaiſant. Ah ! Monſieur, s'il eſt donné aux hommes de ſe rapprocher de la Divinité créatrice de toutes choſes, eſt-il d'autre voie que celle de la bienfaiſance ?

Mais où m'emporte un zéle indiſcret qu'enflamment à l'envi le ſaint amour de la vérité, & l'agréable deſir de prolonger mon entretien avec vous, Monſieur ! je craindrois d'avoir fait une ſatyre injuſte, ou compoſé un panégyrique menſonger, ſi je n'avois choiſi des victimes vouées au mépris général, & ſi j'étois autre choſe que l'écho du public.

Revenons au différent de M. Hume & de M. Rouſſeau. Je crois vous avoir démontré que le philoſophe Anglois a donné trop d'éclat à ſes bienfaits, qu'il a cedé trop facilement aux impulſions de l'amour propre, ou peut-être d'une cabale, ennemie de quiconque ne profeſſe pas ſes ſentimens, qu'il a laiſſé trop de liberté à un eſprit dur, inſenſible qui ne croit point à la vertu indigente, qu'il a mis trop de hauteur dans ſa conduite, trop peu de ménagement dans ſes actions; enfin qu'un examen reflêchi des pieces de ce grand procès abſout M. Rouſſeau, & montre le coupable dans M. Hume qui a manqué à la fois à la juſtice & à la bienféance (*a*). Je ne donne cependant pas mon opinion pour un jugement définitif & je me connois trop pour méconnoître mes forces.

Non noſtrum inter vos tantas componere lites.

M. Hume eſt-il auſſi coupable que le croit M. Rouſſeau? Eſt-il l'Auteur de la lettre publiée ſous le nom du

(a) *Juſtitiæ partes ſunt non violatos homines, verecundiæ non offendere.* Cic. de offic.

Roi de Prusse ? Je me garderai bien de le penser. L'a-t-il connue avant quelle fût publique ? y a-t-il donné son approbation ? C'est ce que je ne peux affirmer, mais je le parierois. M. Walpole qui s'avoue l'Auteur de ce sarcasme est compatriote de M. Hume ; il est son ami ; il loge sous le même toît lorsqu'il produit cette pomme de discorde ; qui pourra se persuader qu'il ne l'a pas montrée à M. Hume, & qu'ils ne se sont pas concertés, pour qu'un d'eux abaissât l'orgueil qu'ils ont voulu voir dans le mérite d'un infortuné, tandis que l'autre l'éléveroit avec fracas au-dessus de l'infortune ?

Ce qui m'attache à cette idée, Monsieur, c'est que je sais que M. Hume a toujours parlé à Paris de M. Rousseau comme d'un homme qui lui inspiroit plus de compassion que d'estime ; d'un homme qui allioit la simplicité des mœurs, au faste de la plus ſuperbe philoſophie, d'un homme qui n'avoit qu'une réputation uſurpée, *magni nominis umbra*, établie par des opinions extravagantes plutôt que par des talens extraordinaires.

Que M. Hume ſe rappelle encore le parallele qu'il a fait de M. Rouſſeau avec un autre écrivain dont l'éloquence a ſucceſſivement remporté 4 à 5 palmes académiques. M. Hume, en donnant la préférence à ce dernier, s'eſt encore expliqué ſur le compte de M. Rouſſeau d'une maniere à perſuader que ſon jugement n'étoit ni celui de l'amitié ni celui de la juſtice. M. David Hume, le public ſans ceſſer d'admirer l'un & l'autre de ces écrivains, ne ſera ſûrement pas de votre avis.

Que ne puis-je, Monſieur, vous mener à la ſource de cette inimitié, à travers les ſentiers tortueux de la jalouſie, à travers les épines du ſchiſme que redoute une ſociété, l'ennemie née de tout homme célèbre qui voudra penſer & écrire d'après ſon propre cœur; avec des vues & dans des principes oppoſés à ceux de la ſociété dominatrice du Parnaſſe.... Mais les effets n'en ſont malheureuſement que trop connus; & cette entrepriſe exigeroit une prolixité qui pourroit devenir fatiguante. Laiſſons encore pour l'honneur des lettres & par ménagement pour la philoſophie, laiſſons la cauſe dans les ombres d'une nuit obſcure : *Cauſa latet; vis eſt notiſſima.*

Je paſſe, Monſieur, à l'examen de la déclaration faite par M. d'Alembert, qu'il n'eſt pas l'auteur de cette lettre pſeudonyme ſi outrageante publiée ſous le nom du modele des Rois. Je ne penſe pas que perſonne doute d'une aſſertion auſſi poſitive, ſur-tout étant donnée par un homme reſpectable à plus d'un titre. On croit volontiers que M. d'Alembert a désaprouvé cette lettre, *par la louable raison qu'il ne faut point se moquer des malheureux, sur-tout quand il ne nous ont point fait de mal*; mais qu'il se souvienne qu'il l'a désapprouvée avant qu'elle fût connue de beaucoup de personnes; n'est-on pas fondé à croire que s'il n'a eu aucune part à l'invention, au moins a-t-il été consulté sur le fonds & sur la forme de la plaisanterie?

A l'egard de M. Walpole; non-seulement la lettre dont il ose s'avouer l'Auteur est une satyre odieuse; mais celle qu'il a écrite à M. Hume le 26 Juillet 1766, est le comble de la malhonnêteté & de la barbarie. Qu'est-ce donc que ce M. Walpole qui parle avec tant de dedain d'un homme de génie recommandable par la pureté de ses mœurs, & admiré de toute l'Europe? On n'ignore pas que l'Angleterre a eu un grand Miniſtre du nom de Walpole ; mais perſonne n'eût ſçu qu'il exiſtoit une autre Walpole s'il ne ſe fût fait connoître par ſa méchanceté. M. Walpole, votre ſtile eſt-il toujours le même? Je vous conſeille de ne pas écrire, où bien il faudra vous contenter des ſuffrages de ceux qui auront comme vous l'eſprit corroſif & le cœur pervers. Au ſurplus les dénégations & les déclarations, les aveux, & les rétractations des gens de lettres, ne ſignifient rien quand la conſidération publique ne prête pas du poids à leurs expreſſions. Ils ſont ſi habiles dans l'art des déguiſemens que la vérité reſte le plus ſouvent confondue dans une multitude de faits & de propos, d'apparences & de réalités qu'ils ſavent créer au gré de leur amour propre; ne peut-on pas appliquer à la gent lettrée, ce que Juvenal dit des Grecs. *O quàm.... natio comœda eſt!*

Je ne vous ai point entretenu de la préface qui est en tête de *l'Exposé succinct*, & qu'on attribue à M. S** éditeur de la brochure & un des auteurs de la gazette de France. J'en suis d'autant plus étonné que M. Rousseau est outragé cruellement dans cette préface, & que M. S** a autant d'honnêteté & de douceur dans l'esprit que de pureté dans le cœur. C'est à son attachement pour M. Hume & pour ses partisans qu'il faut sans doute imputer cette disparate.

Je finis, Monsieur, en vous invitant à chercher vous-même la vérité dans les mémoires du procès. Si elle m'étoit échappée, ou si vous apperceviez de la légéreté dans mon jugement, daignez de grace m'en instruire pour les reformer. Je serai aussi docile que reconnoissant, & je peux vous assurer que du moins il y a une solidité immuable dans les sentimens avec lesquels j'ai l'honneur d'être, Monsieur, votre très-humble, &c.

T. VERAX.

A Auteuil, près Paris, le 24 Octob. 1766.

www.ingramcontent.com/pod-product-compliance
Lightning Source LLC
LaVergne TN
LVHW020245230826
846091LV00006B/2246